Volfgang Hoffmann

DIE TOLLEN 5-MINUTEN-SPIELE

Für Gruppen, Klassenfahrten, Feste und Feiern

AOL-Verlag

die AOL-HosenTaschenBücher (HTB)
herausgegeben von Hertha Beuschel-Menze (HBM)

Zum Autor:

Wolfgang Hoffmann, Jahrgang 1947, ist Sozialarbeiter und bei einem Jugendamt tätig. Schwerpunkt seiner Arbeit ist die Sucht- und Gewaltprävention. Im Rahmen dieser Arbeit führt er seit Jahren spiel- und erlebnispädagogische Projekte mit Jugendlichen durch.

Seine Adresse: Wolfgang Hoffmann, Gartenstraße 9, D-55276 Oppenheim

Die Deutsche Bibliothek – CIP-Einheitsaufnahme:

Hoffmann, Wolfgang:
Die tollen 5-Minuten-Spiele für Gruppen, Klassenfahrten, Feste und Feiern / Wolfgang Hoffmann. – 2. Aufl. – Lichtenau : AOL Verl., 1998
(Die AOL-HosenTaschenBücher)
ISBN 3-89111-112-6

Dieses HosenTaschenBuch wurde verfasst nach den Regeln der neuen deutschen Rechtschreibung und Zeichensetzung.

Umschlaggestaltung: Jörg Waldschütz, Mainz
Lektorat: Ulrike Reißfelder
Layout + Satz: Helmut Oberst, Baden-Baden
Druck: Steinmeier, Nördlingen
Printed in Germany

Jahr:	2003	02	01	00	99	98
Auflage:	7	6	5	4	3	2

Bestell-Nummer: A112
ISBN: 3-89111-112-6

VORWORT

Liebe Kollegin, lieber Kollege!

Sie sind unterwegs mit einer Gruppe, machen Rast, alle sind gesättigt, der Durst ist gelöscht ... Bis zum Aufbruch ist noch etwas Zeit, die Kolleginnen*, Schüler, Vereinsmitglieder ... machen auch ganz den Eindruck, als hätten sie große Lust noch etwas zusammen zu machen, bevor es wieder losgeht: Ein Spiel wäre jetzt genau das Richtige!

Auf „Die tollen 5-Minuten-Spiele“ ist in solchen Situationen Verlass: Hier sind 75 Spiele zusammengestellt, die ohne große Vorbereitung und Materialaufwand bei allen Gruppenaktivitäten auf Fahrten, Festen und Feiern spontan eingesetzt werden können. Sie vermitteln auf spielerische Art Kompetenzen im Bereich der Kommunikation, Interaktion, der Erlebnisfähigkeit und der Konfliktbearbeitung und können daher auch im Rahmen der Sucht- und Gewaltprävention hervorragend eingesetzt werden.

---

* Aus Gründen der Gleichberechtigung und der besseren Lesbarkeit wechseln wir möglichst ausgewogen zwischen männlichen und weiblichen Sprachformen ab.

Um Ihnen den schnellen Zugriff zu ermöglichen, präsentieren wir Ihnen die Spiele-Sammlung mehrfach gegliedert. Bei der Orientierung helfen nicht nur die Gliederung in verschiedene Rubriken (Warming-up-, Erlebnis-, Kennenlern-, Interaktions-, Kooperations-, Vertrauens-, Unterhaltungs-, Gemeinschafts-, Stegreif- und Denksportspiele), sondern auch die speziellen Inhaltsverzeichnisse nach Spieldauer, Spielort und der Anzahl der möglichen Teilnehmer. Die Spielbeschreibungen selbst sind so aufgebaut, dass Sie darüber hinaus auf einen Blick erfahren, ob (und welche) Materialien zum Einsatz kommen und welche Aufgabenbereiche angesprochen sind.

Spielen soll in erster Linie Spaß machen, entspannen und Geselligkeit schaffen. Gerade dadurch gelingt es, Beziehungen zu knüpfen, Verhaltensmuster zu überdenken und das Gemeinschaftsgefühl zu fördern. Eine Gruppenfreizeit bietet u. a. die Möglichkeit verlorene Spielräume neu zu entdecken. Diese Arbeitshilfe kann hierzu einen Beitrag leisten.

Es wurden bewusst Spiele ausgewählt, die keine große Spiel-Erfahrung voraussetzen. Dennoch hängt ihre Wirkung auch von den Fähigkeiten der Spielleiterin ab. In meiner langjährigen Spielpraxis haben sich folgende Grundsätze bewährt:

- Gruppe nicht überfordern
- für angstfreie Atmosphäre sorgen
- nichts erzwingen
- schwächere, ängstliche Teilnehmer unterstützen

- sich als Spielleiterin auch selbst einbringen
- die Rolle des Spielleiters weitergeben
- Spielzeit nicht überreizen
- Spaß und Spannung aufrechterhalten
- bei Unlust abkürzen oder neues Spiel anbieten
- wenn das Spiel „aus dem Ruder" läuft, lieber abbrechen
- bei Konkurrenzspielen nicht den Sieg, sondern den Spaß in den Vordergrund stellen
- Spiele verändern und auf die Teilnehmerinnen und die Situation zuschneiden

Wer mehr über die Aufgaben und die Fähigkeiten erfahren möchte, die angehende Spielleiterinnen erfüllen und mitbringen sollten, findet im Buch meines Kollegen Thomas Trautmann „Miteinander spielen: der 12-Stunden-Crashkurs für Spielleiterinnen und Spielleiter" (Best.-Nr. A115) reiche Anregung.

Noch mehr Hinweise gefällig? Spielend unterrichten, spielend lernen? Fordern Sie das SCHWARZE BUCH an, den etwas anderen AOL-Katalog (Bestell-Nr. A444).

Tipps und Ideen zum Pfänder-Einlösen

Pfänderspiele erfreuen sich großer Beliebtheit. Deshalb haben wir auch in diese Sammlung einige aufgenommen. Im Folgenden finden Sie Vorschläge, die

Sie auf Zettel schreiben, ausschneiden und ziehen lassen können:

- ein Lieblingslied singen, summen, pfeifen oder gurgeln
- einen Satz sagen, in dem kein „r" vorkommt
- einen Lieblingswitz erzählen
- ein Rätsel oder eine Scherzfrage stellen
- in allen Ecken des Raumes pfeifen ohne zu lachen
- ein Selbstporträt an die Tafel zeichnen
- drei Worte nennen, die sowohl von vorn als auch von hinten gelesen werden können (z. B. Uhu, Otto, tot, Anna)
- das Alphabet rückwärts aufsagen
- auf einen Stuhl steigen und dreimal krähen
- sich selbst eine Strafpredigt halten
- sich selbst einen Schlag auf den Po geben
- rücklings auf einem Stuhl sitzend durch den Klassenraum reiten
- drei Mitspielern ein Kompliment machen
- Wunschfee spielen und drei Wünsche verteilen
- der Gruppe sagen, welches Lied gesungen werden soll
- eine Liebeserklärung abgeben
- vier Tierstimmen nachmachen
- eine Rede über die Unsterblickeit der Marienkäfer halten
- ein neues Pfänderspiel vorschlagen
- ...
- ...

GESAMTVERZEICHNIS

INHALT NACH SPIELDAUER

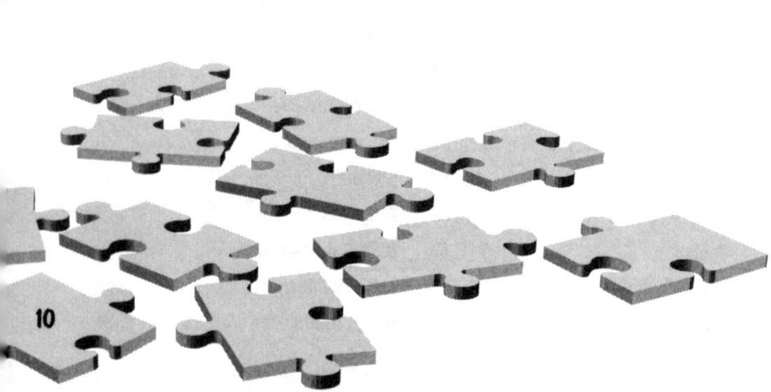

INHALT NACH SPIELORTEN

Spiele im Freien

INHALT NACH SPIELERZAHL

alle/Bildung von Kleingruppen

SYMBOLE

Bewegung:
Hier bewegen wir uns.

Information:
Hier bekommen wir Informationen.

Musik/Gesang:
Hier hören wir Musik oder singen.

Schnelligkeit:
Hier wird die Zeit gestoppt.

Bleistift/Stift:
Hier schreiben oder malen wir.

2er-Paare:
Hier spielen wir paarweise zusammen.

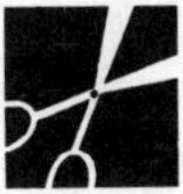

Basteln
Hier basteln wir.

Gruppenspiel:
Hier spielen wir in der Gruppe.

Nachdenken:
Hier müssen wir nachdenken.

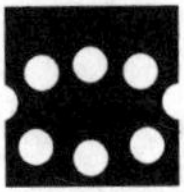

Gespräch
Hier beraten wir in der Gruppe.

Zuhören:
Hier hören wir aufmerksam zu.

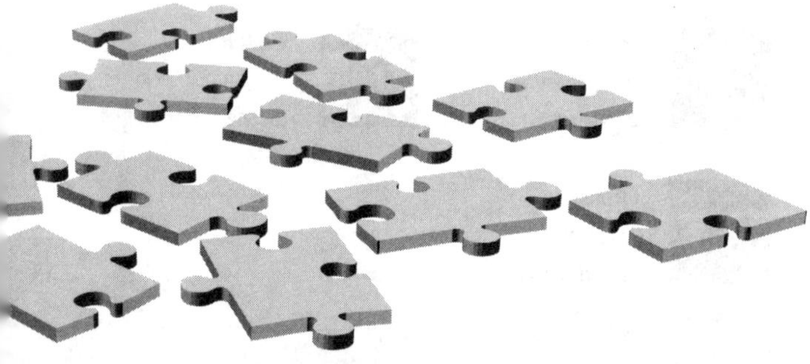

SPOTS IN MOVEMENT

Gruppenstärke beliebig
Spielort ein großer Raum
Material Kassettenrecorder

Warming-up

Zu bekannter Popmusik bewegen sich alle durch den Raum, dann bricht die Musik ab und ein Impuls wird gerufen: Alle reagieren darauf, bis die Musik wieder weitergeht. Dann bricht die Musik wieder ab ...

Impulse zum lockernden Durcheinander:

- möglichst viele Hände schütteln
- einander auf die Schulter klopfen
- schnell die vier Wände des Raumes berühren
- zu zweit auf einem Stuhl stehen
- alle gehen schlurfend
- alle „fliegen“ mit ausgebreiteten Armen durch den Raum, ohne einander zu berühren
- alle stampfen, hüpfen, hinken

Impulse zum Redewendungen Darstellen:

- jemandem die Zähne zeigen
- jemandem schöne Augen machen
- einander aus dem Weg gehen
- sich ins Fäustchen lachen
- einander die kalte Schulter zeigen
- jemanden auf Händen tragen

- jemandem was pfeifen
- jemandem ein Loch in den Bauch reden
- jemandem den Rücken stärken

Impulse zum schnellen Zusammenfinden:

- gleiche Schuhgröße
- gleiche Augenfarbe
- gleicher Geburtsmonat
- gleiches Sternzeichen
- gleicher Anfangsbuchstabe des Namens/Vornamens
- gleiche Kleiderfarbe
- gleiche Lieblingsfarbe

DER GEFÄHRLICHE KREIS

Warming-up

Gruppenstärke	**beliebig**
Spielort	**im Haus oder im Freien**
Material	**keines**

Die Spieler fassen sich an und bilden einen Kreis. In der Mitte des Kreises wird ein kleiner Kreis gezeichnet. Die Spielerinnen versuchen sich gegenseitig durch Hin- und Herziehen zum Betreten des Kreises zu zwingen. Wer hineintritt, scheidet aus.

Sind nur noch wenige Teilnehmer im Spiel, wird der Kreis verkleinert.

Abwandlung:

An Stelle des gezeichneten Kreises steht ein Papierkorb oder Stuhl, der nicht umgestoßen werden darf.

Eine andere Möglichkeit ergibt sich, wenn der Kreis größer gezeichnet wird, so dass alle Spieler hineinpassen. Diesmal gilt es, die Mitspielerinnen hinauszudrängen, mit oder ohne Gebrauch der Hände.

SCHWARZ ODER WEISS

Warming-up

Gruppenstärke	ab 10
Spielort	großer Raum/im Freien
Material	keines

Die Spieler setzen sich Rücken an Rücken in einer Reihe hin. Einer bleibt übrig und teilt die beiden Gruppen ein bzw. sagt ihnen, welche Reihe „schwarz" und welche „weiß" ist. Wenn die Leiterin dann z. B. „schwarz" ruft, dreht sich die schwarze Seite blitzschnell um und jagt den Weißen hinterher. Diese ergreifen die Flucht und versuchen sich durch Anschlagen an die Wand zu retten.

SCHLANGENSPIEL

Warming-up

Gruppenstärke	ab 10
Spielort	großer Raum/im Freien
Material	keines

Alle Mitspielerinnen bilden eine Schlange, indem sie sich hintereinander aufstellen und an den Hüften anfassen. Danach versucht der Kopf den Schwanz zu fangen. Wenn dies gelungen ist, wechseln Kopf und Schwanz.

WEITERLAUFEN

Gruppenstärke beliebig

Spielort großer Raum/im Freien

Material keines

Warming-up

Die Gruppenmitglieder laufen kreuz und quer durch den Raum. Auf ein Zeichen der Gruppenleiterin wählt jeder einen Mitspieler und läuft gemeinsam mit ihm weiter. Alle Paare versuchen nun je nach Kommando oder Impuls auf die unterschiedlichste Weise miteinander weiterzulaufen.

Impulse:

- hüpfend
- auf 2 oder auf 3 Beinen
- Schubkarren
- Huckepack

Abwandlungen

- zu viert
- zu sechst
- mit der ganzen Gruppe

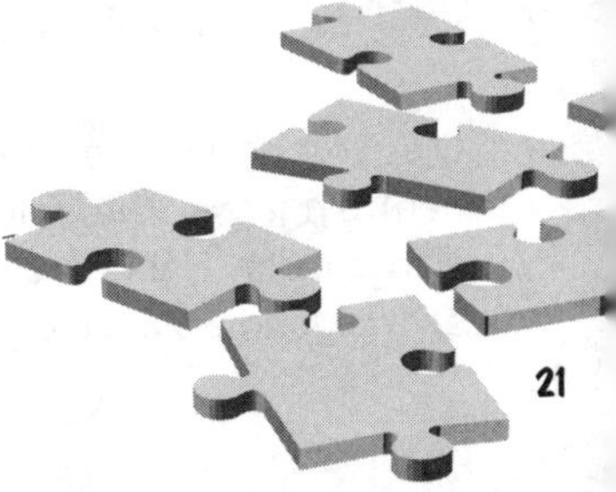

FUSSTRETEN

Warming-up

Gruppenstärke	beliebig, jeweils 2 Spielpartner
Spielort	im Haus oder im Freien
Material	keines

Zwei Spieler stehen sich gegenüber und fassen sich an den Händen. Jeder versucht nun dem anderen auf die Füße zu treten bzw. dem Angriff des Partners auszuweichen.

Hinweis:

Das Spiel soll nur in Turnschuhen oder barfuß ausgeführt werden.

SCHWEIGEMARSCH

Erlebnis

Gruppenstärke	5–beliebig/Kleingruppen
Spielort	im Freien
Material	keines

Die Gruppe wird in Kleingruppen (5–7 Mitspielerinnen) eingeteilt. Die Teilnehmer haben die Aufgabe, sich an den Händen zu fassen und ca. 15 Minuten schweigend weiterzulaufen.

FEUERSCHEIN

Gruppenstärke	**3–5**
Spielort	**im Freien**
Material	**Streichhölzer**

Erlebnis

Die Gruppe wird in Kleingruppen eingeteilt (3–5 Mitspielerinnen). Jede Gruppe hat die Aufgabe innerhalb möglichst kurzer Zeit ein kleines Lagerfeuer zu entfachen, das ca. 5 Minuten brennt.

Jede Gruppe hat dazu nur 1 Streichholz zur Verfügung.

SCHOSS-SITZEN

Erlebnis

Gruppenstärke	2–beliebig
Spielort	im Haus oder im Freien
Material	keines

Die Gruppe stellt sich in einem Kreis auf, wobei jeweils die rechten Schultern der einzelnen Teilnehmer in den Mittelpunkt des Kreises zeigen müssen. Der Kreis muss so eng sein, dass jeder seinen Vorder- und Hintermann berührt. Die Teilnehmerinnen halten nun die Hüfte der vor ihnen stehenden Personen. Alle gehen in die Knie, bis sie fühlen, dass sie auf den Knien des Hintermannes sitzen.

Wenn die Sitzposition erreicht ist:

1. Alle lehnen sich leicht nach innen und heben das rechte Bein.
2. Die Gruppe versucht sitzend vorwärtszugehen (sehr schwierig).

Hinweis:

Diese Übung kann nur erfolgreich durchgeführt werden, wenn die Form eines Kreises das ganze Spiel hindurch beibehalten wird. Wenn die gesamte Gruppe sich leicht nach innen lehnt, wird es leichter sein, das Gleichgewicht zu halten.

PYRAMIDENBAU

Erlebnis

Gruppenstärke	**beliebig**
Spielort	**im Haus**
Material	**keines**

Die Spielerinnen werden aufgefordert: „Verteilt euch bitte im Raum und legt euch mit geschlossenen Augen auf den Boden. Besinnt euch einen Augenblick darauf, wie ihr euch fühlt ... Ich werde euch eine kleine Aufgabe stellen: Stellt euch vor, dass die Gruppe für jeden Quadratmeter dieses Raumes einen riesigen Mietzins zahlen muss - sagen wir, pro Minute und Quadratmeter 100,- DM. Eure Aufgabe ist es, euch gleich als Gruppe auf eine möglichst kleine Grundfläche zu bringen, damit wir so wenig Raummiete wie möglich zahlen müssen. Haltet eure Augen einen Augenblick lang weiter geschlossen um nachzudenken, wie ihr es als Gruppe anstellen könnt, die ganze Gruppe so zu arrangieren, dass ihr möglichst wenig Fläche des Raumes in Anspruch nehmen müsst. Ihr dürft dazu keine künstlichen Hilfsmittel benutzen, ihr habt nur euch selbst und die anderen Teilnehmer ...“ (20 Sekunden Pause)

„Jetzt öffnet die Augen und versucht - ohne zu sprechen - die Gruppe auf einer möglichst kleinen Fläche unterzubringen. Wie macht ihr das? Wenn ihr eure Idee anderen erklären wollt, dann macht das ohne Worte.“

Auswertung:

- Wie fühlte ich mich vor dem Experiment, wie fühle ich mich jetzt?
- Wie konnte ich mich verständlich machen?
- Was hat mir an diesem Experiment besonders gut gefallen?
- Wie klappte die Koordination in der Gruppe?
- Welche Rolle habe ich übernommen?

AUFSTEHEN

Gruppenstärke	**2–beliebig**
Spielort	**im Haus oder im Freien**
Material	**keines**

Erlebnis

Zwei Personen etwa gleicher Größe sitzen sich auf dem Boden gegenüber. Die Knie werden leicht angewinkelt, die Fußspitzen berühren sich und die beiden fassen sich an den Händen. Aufgabe der beiden sich gegenübersitzenden Spielerinnen ist es nun, sich gegenseitig hochzuziehen.

Wenn beide erfolgreich auf den Füßen stehen, suchen sie sich das nächste Paar und probieren das Ganze zu viert. Nach jedem geglückten Versuch sollten zwei Personen dazu kommen. Vielleicht schafft es zum Schluss ja die gesamte Gruppe.

Hinweis:

Je größer die Gruppe wird, desto genauer sollte sie sich überlegen, wer wem wie die Hände reicht.

BAUMSTUMPF

Erlebnis

Gruppenstärke	4–beliebig
Spielort	im Freien
Material	abgesägter Baumstumpf o. Ä.

Die Gruppe wird in Kleingruppen von 4–6 Personen aufgeteilt. Die Kleingruppen haben die Aufgabe, sich alle zusammen mit beiden Füßen auf einen abgesägten Baumstumpf zu stellen und dort 1–2 Minuten stehen zu bleiben.

Die Spielleiterin stoppt die Zeit.

ALLE ZUSAMMEN

Erlebnis

Gruppenstärke	2–beliebig
Spielort	im Haus oder im Freien
Material	Seil (ca. 5 m lang)

Die Teilnehmer stellen sich eng zusammen. Die Gruppenleiterin bindet ein Seil um sie herum – möglichst eng. Aufgabe der Gruppe ist es, so schnell wie möglich von Ort „A“ zu Ort „B“ zu gelangen. Es sind mehrere Versuche zulässig.

Die benötigte Zeit kann gestoppt werden.

LIEGESTÜTZ

Gruppenstärke	4–beliebig
Spielort	im Haus oder im Freien
Material	keines

Erlebnis

Die gesamte Spielgruppe wird in 4er-Kleingruppen aufgeteilt.

Alle Mitglieder der Gruppen gehen in den Liegestütz. Gemeinsam sollen sie eine Formation bilden, in der alle vier sich im Liegestütz befinden, ohne dass dabei die Füße den Boden berühren.

WOCHENMARKT

Erlebnis

Gruppenstärke	Kleingruppen zu je 4 Personen
Spielort	im Freien
Material	keines

Ein Bauer zieht mit seinem Hund, einem Lamm und Blumenkohl zum Wochenmarkt. Er gelangt an einen Fluss, den er mit einem Boot überqueren muss. In dem Boot hat aber nur der Bauer und nur eine seiner Waren Platz. Um alle herüberzubringen, muss er also den Fluss mehrmals überqueren. Ohne Beaufsichtigung frisst aber der Hund das Lamm und das Lamm den Blumenkohl.

In der Kleingruppe übernimmt jeder eine Rolle (entweder Bauer, Hund, Lamm oder Blumenkohl). Die Gruppe steht vor einem imaginären Fluss und soll demonstrieren, wie sie diese Aufgabe löst.

Hinweis:

Dieses Spiel kann auch als Wettbewerb durchgeführt werden: Welche Gruppe hat zuerst die Lösung gefunden und den Fluss am schnellsten überquert?

Lösung:

1. Fahrt: Bauer und Lamm – Rückfahrt
2. Fahrt: Bauer und Blumenkohl (Bei der Rückfahrt nimmt der Bauer das Lamm wieder mit.)
3. Fahrt: Bauer und Hund (Das Lamm bleibt zurück.) – Rückfahrt
4. Fahrt: Bauer und Lamm

ABSCHIEDSBRIEF

Gruppenstärke beliebig

Spielort im Haus

Material Papier/Stift

Kennenlernen

Der Kursleiter sagt zu den Spielerinnen: „Stellt euch einmal vor, ihr bekommt von einer guten Freundin einen Brief, in dem sie euch mitteilt, dass sie keinen Sinn mehr in ihrem Leben sieht und daher beschlossen hat, sich umzubringen. Was würdet ihr antworten?“

Die Spieler ziehen sich zurück, damit jeder für sich einen Antwortbrief verfassen kann, der dann im Plenum vorgelesen wird.

Danach teilt sich die Klasse in mehrere Kleingruppen, die sich überlegen:

- Was ist der Sinn des Lebens?
- Was ist der Sinn meines Lebens?

Wer Lust hat, kann das Wesentliche ins Plenum einbringen.

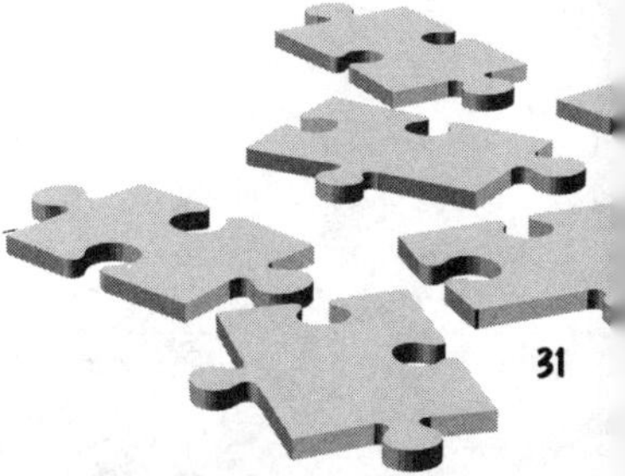

60. GEBURTSTAG

Kennenlernen

Gruppenstärke	beliebig
Spielort	im Haus
Material	Papier/Stifte

Die Schüler bekommen folgende Anweisung: „Du feierst deinen 60. Geburtstag. Zu diesem Fest lädst du die Mitschüler aus der 9. Klasse deiner Schulzeit ein, um gleichzeitig ein Klassentreffen zu machen. Dabei erzählt ihr euch wichtige Stationen aus eurem Leben.“

Nun ziehen sich die Spielerinnen erst einmal zurück und schreiben ihren Lebenslauf auf, wie sie ihn sich bis zum 60. Lebensjahr vorstellen.

In Form eines Rollenspiels werden die Lebensläufe dann ins Plenum eingebracht.

Nach diesem Rollenspiel werden Kleingruppen gebildet, die sich überlegen:

- Wenn mein Leben wirklich so verlaufen würde, hätte es dann einen Sinn gehabt?
- Warum/warum nicht?

ÜBERLEBENSPAKET

Kennenlernen

Gruppenstärke	**beliebig**
Spielort	**im Haus**
Material	**kleine Zettel/Stifte**

Der Kursleiter liest folgenden Text vor: „Achtung, Achtung. Wichtige Durchsage an alle! Durch einen Massenunfall einer Lastwagenkolonne, die giftige Gase transportiert, müssen alle Teilnehmer evakuiert werden. Um eine Ansteckung anderer von einer eventuell auftretenden Seuche zu verhindern, werden die Teilnehmerinnen auf eine Insel im Atlantik gebracht. Alle Betroffenen werden gebeten, ein persönliches Überlebenspaket zusammenzustellen. Größe und Gewicht sind egal. Nehmen Sie all das mit, was Sie dringend zum Überleben brauchen. Ich wiederhole: Achtung ... Ende der Durchsage."

Jeder Spieler bekommt nun mehrere kleine Zettel. Auf diese schreibt jeder, was er mitnehmen will. Das können Gegenstände, aber auch Abstraktes oder bestimmte Menschen sein. Dann wird das, was jeder mitnehmen möchte, im Plenum vorgelesen und begründet.

VORURTEILE

Kennenlernen

Gruppenstärke	beliebig
Spielort	im Haus
Material	Papier/Stifte

Die Gruppe entwickelt gemeinsam Fragen, die mit JA oder NEIN beantwortet werden können und schreibt diese einzeln auf Fragekarten.

Gefragt werden kann nach Vorlieben, Interessen, Werthaltungen, Handlungsabsichten, Gefühlen - also nach allem, was mitteilenswert und interessant ist. Zum Beispiel: „Liebst du es, im Regen spazieren zu gehen?“, „Magst du Hunde?“, „Gibst du einem Bettler am Straßenrand etwas?“

Dann erhält jeder Spieler zwei gleich große Stücke Papier, auf die er JA oder NEIN schreibt.

Nun beginnt das Spiel:

Reihum zieht jede Spielerin eine Fragekarte, liest sie vor und schiebt verdeckt ihre JA- oder NEIN-Karte vor sich. Die anderen Spieler schieben ebenfalls verdeckt eine ihrer beiden Karten vor sich. Gleichzeitig werden die Karten aufgedeckt und die Spielerinnen prüfen, ob sie ihren Mitspieler richtig oder falsch eingeschätzt haben. Daran kann sich ein kurzes Gespräch anschließen.

STEHAUF

Gruppenstärke beliebig
Spielort im Haus
Material keines

Kennenlernen

Ein Spieler stellt eine Frage über sich. Zum Beispiel:

- Wer ist meine Lieblingssängerin/mein -Schauspieler?
- Welche Farbe gefällt mir am besten?
- Wovor habe ich am meisten Angst?
- ...

Jeder, der glaubt, die richtige Antwort zu wissen, steht auf. Der Fragende kann nun die Stehenden nach Belieben aufrufen.

Wer die richtige Antwort weiß, darf weitermachen.

Hinweis:

Da erfahrungsgemäß meist dieselben Spielerinnen aufstehen, ist es sinnvoll, die Spieler reihum im Kreis Fragen über sich stellen zu lassen.

STECKBRIEFRATEN

Kennenlernen

Gruppenstärke	beliebig
Spielort	im Haus
Material	Papier/Stifte

Zunächst wird mit der Gruppe ein Brainstorming erstellt zu der Frage: „Was möchte ich von meinem Mitspieler wissen?“

Danach fertigt jeder von sich ein Porträt und einen Steckbrief an. Bei dem Steckbrief geht er auf das Brainstorming-Ergebnis ein und legt diesen in die Mitte des Kreises unter ein Tuch.

Die Spielleiterin nimmt den ersten Steckbrief, zeigt das Portrait und lässt die Gruppe raten, wer dies sein könnte. Anschließend liest sie einzelne Stichpunkte aus dem Steckbrief vor, bis die Person schließlich erraten ist. Nun werden noch die restlichen Informationen gegeben und der Steckbrief an die Wand geklebt.

Die eben erratene Person darf den nächsten Steckbrief ziehen.

WATTESTAFFEL

Gruppenstärke	**2–beliebig**
Spielort	**im Haus oder im Freien**
Material	**Wattebäusche/Trinkhalme**

Interaktion

Die Spielerinnen sitzen an einem Tisch nebeneinander. Jeder Spieler hat einen Trinkhalm.

Nach dem Startzeichen saugt die erste Spielerin mit einem Trinkhalm den Wattebausch an und gibt ihn ohne Mithilfe der Hände an den Nachbarn weiter, der ihn ebenfalls nur mit dem Trinkhalm berühren darf.

Wenn der Wattebausch herunterfällt, beginnt das Ganze von vorn.

Abwandlung:

Man kann auch Gardinenringe über den Strohhalm stecken und die Ringe weitergeben.

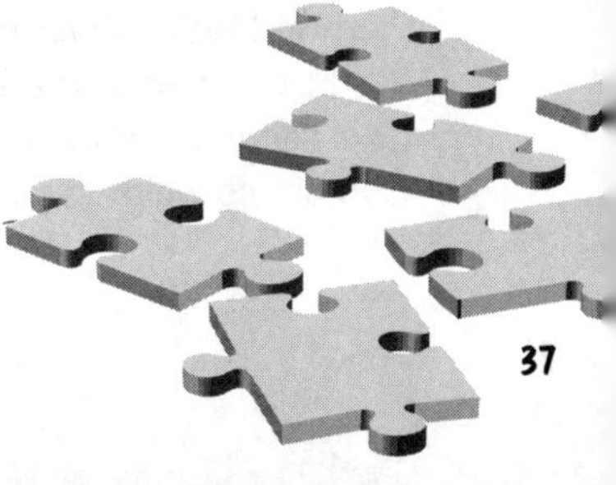

AUFGEPASST

Gruppenstärke	ab 8 Personen
Spielort	im Haus oder im Freien
Material	keines

Interaktion

Jeder Teilnehmer sucht sich einen Partner. Die Partner A stellen sich gegenüber den Partnern B im Abstand von 2 Metern auf und schauen sich an. Jeder in Reihe A versucht nun den Partner in Reihe B so genau wie möglich anzusehen und sich alle Details von Kleidung und Körperhaltung einzuprägen.

Nach etwa 2 Minuten dreht sich Reihe A auf ein Zeichen der Gruppenleiterin mit dem Rücken zu Reihe B. In Reihe B verändert dann jeder ein Detail in Haltung oder Kleidung. Die Veränderung muss wahrnehmbar sein.

- Auf das Zeichen der Gruppenleiterin dreht sich Reihe A wieder um und versucht die Veränderungen zu entdecken.
- Dann werden die Rollen getauscht: Reihe B observiert und Reihe A verändert ein Detail.
- Wenn dann wieder gewechselt wird, werden nun zwei Dinge gleichzeitig verändert.
- So geht es weiter bis zu 7 oder 8 Veränderungen.

SPINNENNETZ

Gruppenstärke ab 7 Personen

Spielort im Haus

Material Wollknäuel

Interaktion

Alle sitzen im Kreis. Eine Spielerin wirft jemandem ein Wollknäuel zu (hält dabei aber das Ende fest) und stellt ihm eine Frage. Dieser antwortet, wirft nun das Knäuel weiter und stellt eine Frage ...

So entsteht nach und nach ein Spinnennetz.

Hinweis:

Dieses Spiel ist auch ein Kennenlernspiel. Deshalb eignen sich persönliche Fragen am besten.
Zum Beispiel:

- Wie fühlst du dich hier?
- Was tust du in deiner Freizeit?
- Wo möchtest du jetzt am liebsten sein?
- Hörst du gerne Musik? Welche? ...

BUCHSTABENKONGRESS

Interaktion

Gruppenstärke	beliebig/mehrere Kleingruppen
Spielort	im Haus oder im Freien
Material	Papier, Klebeband

Die Spielleiterin zerlegt ein Wort in seine Buchstaben und heftet den Spielern je einen Buchstaben an den Rücken. Diese müssen das Wort erraten.

Variante:

Die Einzelbuchstaben eines Wortes werden jeweils auf ein Blatt Papier geschrieben. Jeder Teilnehmer erhält einen Buchstaben.

Die Gruppe soll herausfinden, wie das Wort heißt.

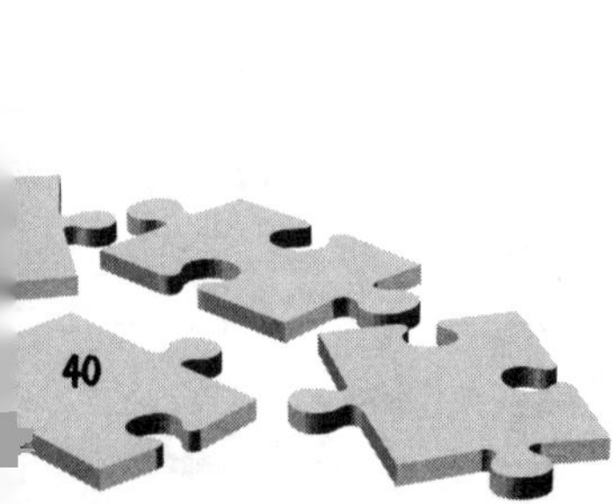

REDAKTEUR

Gruppenstärke	2-beliebig
Spielort	im Haus
Material	Zeitung

Interaktion

Ein Zeitungsartikel, möglichst ein langer, in zusammenhängenden Streifen, wird ausgeschnitten und in mehrere Teile zerschnitten.

Jede Mitspielerin erhält nun ein Zeitungsteil.

Die Teilnehmer sollen sich mit ihren Zeitungsteilen nun so hintereinander aufstellen, dass der Zeitungsartikel fortlaufend gelesen werden kann.

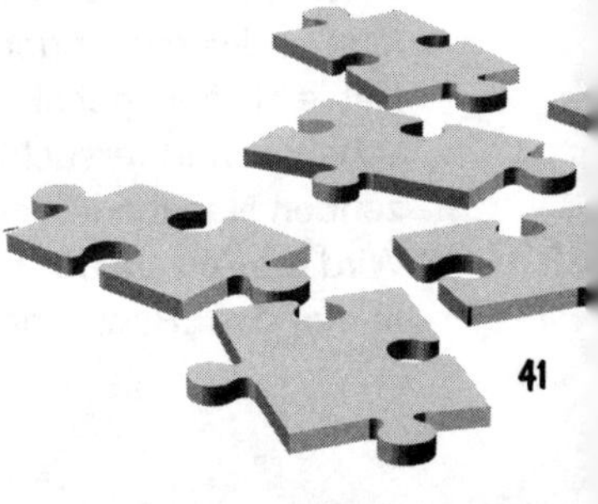

RADIO

Kennenlernen

Gruppenstärke	2–beliebig
Spielort	Sitzkreis
Material	keines

Die Spielerinnen sitzen im Kreis. Sie sind Radioapparate, die nur etwas von sich geben, wenn sie auf die richtige Weise „eingeschaltet" werden.

Jeder Teilnehmer denkt sich aus, wie er eingeschaltet werden möchte, zum Beispiel möchte er umarmt oder gestreichelt werden ...

Eine Spielerin beginnt und tritt vor ihren rechten Nachbarn. Sie versucht ihn „einzuschalten". Wenn sie die richtige Methode angewandt hat, sagt oder singt der „Eingeschaltete" etwas.

Die Anzahl der „Einschaltversuche" kann vorher festgelegt werden, dadurch ergeben sich folgende Möglichkeiten:

- Wenn die Einschaltung nicht geglückt ist, geht der Spieler, der keinen Erfolg hatte, zur nächsten Spielerin und versucht dort sein Glück.
- Hat er Erfolg gehabt, so wird das „Radio" „Einschalter" und versucht sein Glück bei der rechts sitzenden Nachbarin.
- Wird die Anzahl der Versuche nicht begrenzt, wird immer das „Radio" nach Erfolg zum „Einschalter".

AUTORENNEN

Gruppenstärke	**beliebig**
Spielort	**im Haus**
Material	**Pappe, Papier, Stifte**

Interaktion

Zwei Gruppen stehen nebeneinander. Vorher hat jede Gruppe auf ein Blatt einen Rennwagen gemalt. Diese Blätter müssen die gleiche Größe und Stärke haben, sie sind jetzt das Auto jeder Gruppe.

Vor der ersten Spielerin jeder Gruppe liegt das Blatt auf dem Boden. Mit dem Startsignal beginnt das Rennen. Das Auto wird mit einem Stück Pappdeckel vorwärts bewegt, indem viel Wind an das „Auto" gefächelt wird. Die Hand darf nicht zu Hilfe genommen werden.

Der Spieler, der sein Auto zuerst um ein Wendemal herumgetrieben hat und wieder am Start ist, bekommt für seine Gruppe einen Punkt.

Der Start der zweiten Spieler geschieht dann wieder zusammen. Es ist aber auch möglich, das Spiel als Staffel durchzuführen.

NASENRENNEN

Interaktion

Gruppenstärke	beliebig
Spielort	Sitzkreis
Material	Streichholzschachtel

Die Spieler stehen oder sitzen nebeneinander im Kreis. Aufgabe ist es, eine Streichholzschachtelhülle von Nase zu Nase weiterzugeben, ohne Zuhilfenahme der Hände.

Hinweis:

Dieses Spiel eignet sich besonders für geschlechtsgemischte Gruppen.

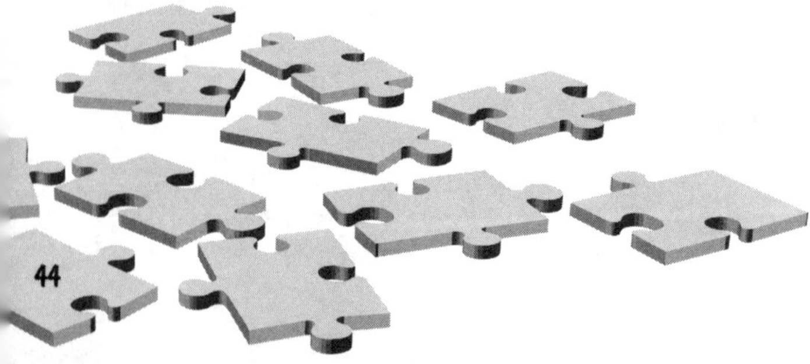

GRUPPENPANTOMIME

Gruppenstärke ab 5 Personen

Spielort im Haus oder im Freien

Material Rollenkarten

Kooperation

Die Spielleiterin verteilt an die Teilnehmer Rollenkarten. Die Teilnehmer dürfen nicht miteinander sprechen oder die Rollen untereinander bekannt machen. Aufgrund der Information aus der Rollenkarte sollen die Teilnehmer die Gesamtszene darstellen, das heißt, sie müssen sich gegenseitig ergänzen.

Zum Beispiel: Eine Hochzeitsgesellschaft beim Fototermin

Mögliche Rollen:
die Braut • der Bräutigam • die Fotografin der Beleuchter • Kind als Schleierträger • Blumen streuendes Kind

Ein Verkehrsunfall

Mögliche Rollen:
die Verletzte • der Sanitäter • der Rettungshubschrauber • gaffender Passant • Ärztin

Hinweis:

Die beobachtenden Teilnehmer sollen erraten, was dargestellt wird.

STUHLRENNEN

Kooperation

Gruppenstärke	ab 10 Personen
Spielort	im Haus oder im Freien
Material	ein Stuhl, Stoppuhr

Die Teilnehmer stehen nebeneinander. Bei der ersten Spielerin steht ein Stuhl, der möglichst schnell bis zum letzten Teilnehmer durchgereicht werden soll. Jeder muss den Stuhl berühren.

Vor Beginn soll die Gruppe die dafür nötige Zeit schätzen.

Nach dem ersten Durchgang wird die Zeit bekanntgegeben. Dann soll die Gruppe Strategie und Taktik entwickeln, um diese Zeit beim zweiten oder dritten Durchgang zu unterbieten.

DER SCHNELLE BALL

Gruppenstärke	ab 5 Personen
Spielort	größerer Raum oder im Freien
Material	kleiner Ball, Stoppuhr

Kooperation

Die Gruppe stellt sich im Kreis auf. Der Spielleiter gibt einer Person einen Tennisball. Diese wirft den Ball einem Mitspieler zu. Der wirft den Ball weiter an eine Person, die ihn noch nicht hatte. Dies geht so lange, bis der Ball wieder zum Anfangsspieler zurückkommt. Jeder soll sich genau merken, von wem er den Ball erhalten und wem er den Ball zugespielt hat.

Um deutlich zu machen, wer noch nicht gefangen und geworfen hat, können die Spielerinnen die Hände in einer fangenden Haltung ausstrecken. Nachdem die Spielfolge klar ist, sollen sie versuchen den Ball so schnell wie möglich einmal durchzuspielen. Der Spielleiter stoppt die Zeit und teilt sie der Gruppe mit.

Jetzt soll jeder einen Tipp abgeben, bei welcher Bestzeit die Gruppe am Ende landen wird, wenn die Spielfolge von Person zu Person beibehalten und der Ball so schnell es geht weitertransportiert wird.

Im Gespräch kann die Gruppe versuchen die Zusammenarbeit für den nächsten Durchgang zu verbessern, damit sie eine kürzere Zeit erreicht.

Spielregel: Jeder muss den Ball in irgendeiner Form erhalten und weitergegeben haben.

ORGELPFEIFEN

Kooperation

Gruppenstärke	2–beliebig
Spielort	im Haus oder im Freien
Material	Augenbinden

Alle Teilnehmer sind „blind" und stehen eng beieinander. Die Spielleiterin fordert die Gruppe auf sich selbst der Größe nach zu sortieren und nebeneinander aufzustellen.

Die kleinste Mitspielerin soll links, die größte soll rechts stehen.

Abwandlung:

- Es darf nicht gesprochen werden.
- Nur ein Teilnehmer ist blind und soll die Gruppe wie beschrieben sortieren.

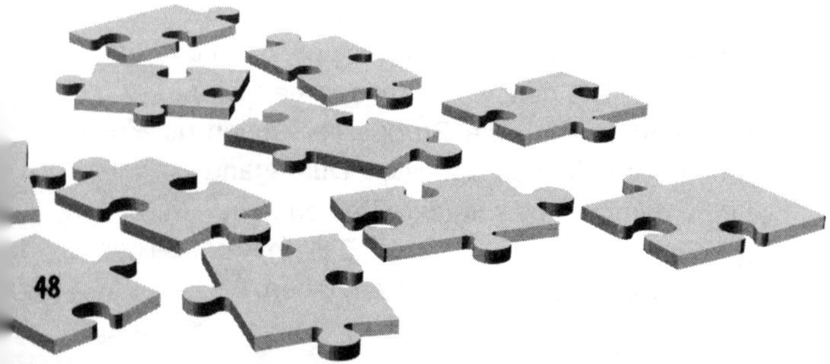

LEBENDE MÜHLE

Gruppenstärke 6 Personen

Spielort im Haus

Material 9 Stühle

Kooperation

Es werden zwei Mannschaften bestehend aus je drei Personen gebildet. Neun Stühle werden wie dargestellt aufgestellt:

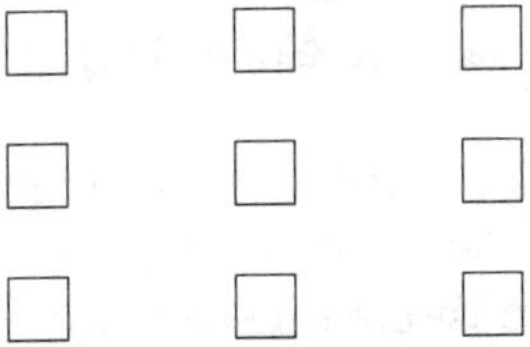

Die Spieler jeder Mannschaft erhalten eine festgelegte Nummer von 1–3. Nun versucht jede Mannschaft eine Mühle zu bilden, indem sich die Spieler hinter-, nebeneinander oder diagonal auf die Stühle setzen.

Es beginnt die Nr. 1 der Mannschaft A, dann folgt die Nr. 1 der Mannschaft B, dann A2, B2 ...

Es gilt, nicht nur selbst eine Mühle zu bilden, sondern auch zu verhindern, dass die andere Mannschaft eine Mühle bildet.

Hinweis:

Während des Spieles darf nicht gesprochen werden.

EIERFALL

Kooperation

Gruppenstärke	Kleingruppen (4–5 Pers.)
Spielort	im Haus oder im Freien
Material	Eier, Strohhalme, Klebeband

Der Eierfall ist ein lustiges Spiel, um Kooperation und Umgang mit wenig Material und Hilfsmitteln zu üben. Die Aufgabe der Gruppe besteht darin, ein rohes Ei mit maximal 25 Strohhalmen und 125 cm Tesafilm so zu verpacken, dass es einen Sturz aus 2,5 m Höhe heil übersteht.

Es dürfen nur die angegebenen Materialien benutzt werden. Jede Kleingruppe, die ein solches Eierrettungssystem konstruiert, besteht aus 4–5 Personen. Nach Fertigstellung wird ein passender Name ausgesucht. Für die Konstruktionsphase hat die Gruppe 20 Minuten Zeit.

Vor der abschließenden Testphase präsentiert jede Kleingruppe den anderen ihr Rettungssystem, indem Name und Funktionsweise erklärt werden.

BLINDE ARCHITEKTEN

Gruppenstärke	**ab 5 Personen**
Spielort	**größerer Raum oder im Freien**
Material	**Seil/Schnur, evtl. Augenbinden**

Kooperation

Ein etwa zehn Meter langes Seil wird an den Enden zu einem großen Ring zusammengeknotet. Die Spieler nehmen das Seil in die Hände und stellen sich im Kreis auf.

Entweder schließen jetzt alle die Augen oder die Augen werden verbunden.

Aufgabe der „Blinden“, die das Seil halten, ist es nun, sich je nach Aufgabe der Spielleiterin als Viereck, Quadrat, gleichseitiges Dreieck ... aufzustellen.

Die Gruppe soll bei diesem Spiel so genau wie möglich mit den Seilabmessungen arbeiten. Die Spielerinnen dürfen während des Spiels das Seil nicht loslassen. Sie bestimmen auch selbst, wann sie das Problem gelöst haben.

DIE CLEVEREN SIEBEN

Kooperation

Gruppenstärke	Kleingruppen mit je 7 Pers.
Spielort	größerer Raum oder im Freien
Material	keines

Die Gesamtgruppe wird in Kleingruppen zu je 7 Personen aufgeteilt. Die Aufgabe besteht darin, über eine Strecke von etwa zehn Metern zu kommen und dabei immer nur vier Bodenkontakte zu haben/zu benutzen.

Dabei sind noch folgende Spielregeln zu beachten:

Alle sieben Personen müssen an der Startlinie beginnen und bis zur Ziellinie gelangen.

Es dürfen keine weiteren Hilfsmittel als die Körper der Spieler benutzt werden. Alle sieben Spielerinnen müssen während der Fortbewegung in körperlichem Kontakt zueinander stehen. So können z. B. 3 Spieler 3 weitere auf die Schultern nehmen, sich umarmen und jeweils nur auf einem Fuß stehen. Der 7. Spieler reiht sich ein und steht auch nur auf einem Fuß (= 4 Bodenkontakte). Nun können sie einen Schritt gehen und wieder ein Bein anheben, so dass wiederum nur 4 Bodenkontakte entstehen.

Das Ganze funktioniert auch liegend: Dabei bilden 4 Spielerinnen eine „Brücke", über welche sich die restlichen Spieler und die jeweils letzte Spielerin kriechend fortbewegen können.

WEITSPRINGEN

Gruppenstärke beliebig

Spielort im Freien

Material keines

Kooperation

Die Gesamtgruppe wird in zwei oder mehr Mannschaften aufgeteilt. Jedes Mitglied muss nun aus dem Stand mit beiden Beinen so weit wie möglich springen.

An der Stelle, wo die Mitspielerin landet, springt der nächste ab.

Ziel:

Welche Mannschaft springt am weitesten?

Abwandlung:

Spielleiterin oder Schiedsrichter gibt eine bestimmte Zeit vor.

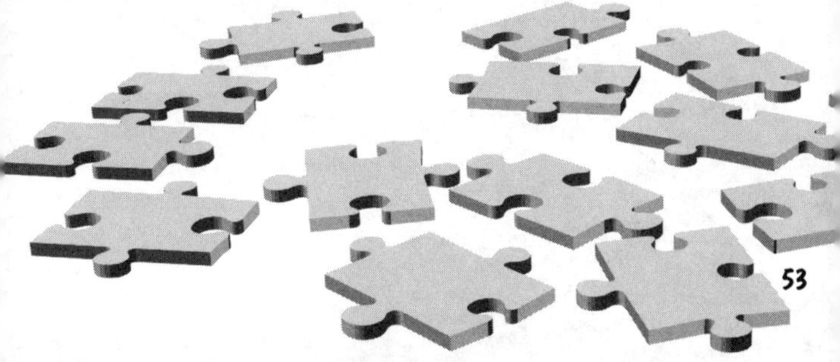

BALLTRANSPORT

Kooperation

Gruppenstärke	2–beliebig
Spielort	im Haus oder im Freien
Material	Tennisbälle

Alle Spieler einer Mannschaft sitzen aufrecht mit ausgestreckten Beinen dicht nebeneinander. Ein Tennisball wird wie folgt weitergereicht:

- hinter dem Rücken von Hand zu Hand
- von Fußgelenk zu Fußgelenk
- von Oberschenkel zu Oberschenkel
- ...

Fällt der Ball herunter, muss wieder bei der ersten Spielerin begonnen werden.

Ziel:

Welcher Mannschaft gelingt es am schnellsten, den Tennisball zum Letzten in der Reihe weiterzureichen?

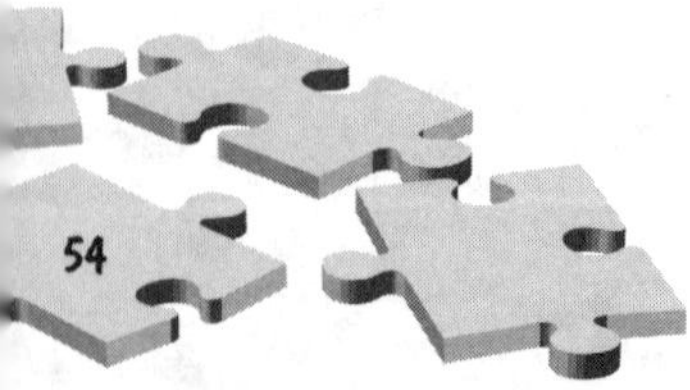

ALPHABET SUCHEN

Gruppenstärke	2–beliebig
Spielort	im Haus oder im Freien
Material	keines

Kooperation

Die Teilnehmerinnen werden in zwei oder mehr Gruppen aufgeteilt.

Die Gruppen haben die Aufgabe, Gegenstände von A–Z innerhalb möglichst kurzer Zeit zusammenzusuchen und in alphabetischer Reihenfolge auf den Boden zu legen.

Hinweis:

Schwierige Buchstaben (zum Beispiel X, Q oder Y) können ausgelassen werden. Diese sind vorher bekannt zu geben.

EINS/ZWEI

Gruppenstärke	beliebig (durch 2 teilbar)
Spielort	im Haus oder im Freien
Material	keines

Vertrauen

Das Spiel erfordert eine gerade Teilnehmeranzahl. Reihum wird im Kreis abgezählt 1, 2, 1, 2.

Die Spieler geben sich fest die Hände. Die Füße stehen nebeneinander fest auf dem Boden.

Auf ein Zeichen der Spielleiterin lassen sich alle „Einser" mit geradem Körper nach vorne und alle „Zweier" nach hinten fallen. Dadurch entsteht eine Art Zick-Zack-Linie.

Beim folgenden Kommando fallen alle „Einser" nach hinten und alle „Zweier" nach vorne.

Die Gruppe kann dann versuchen, in ein dynamisches Vor und Zurück zu kommen, ohne die Füße zu bewegen.

PENDEL

Gruppenstärke	2-beliebig
Spielort	im Haus oder im Freien
Material	Augenbinden

Vertrauen

Alle Teilnehmer bis auf einen stellen sich in einem engen Kreis - Schulter an Schulter - auf.

Die übrig gebliebene Person stellt sich mit verbundenen Augen in die Mitte des Kreises (Durchmesser des Kreises möglichst klein und nicht mehr als 2 m).

Nun lässt sie sich steif wie ein Brett in eine Richtung fallen. Die Teilnehmer, die in dieser Richtung stehen, fangen den Fall leicht ab und schubsen die Person sanft(!) in eine andere Richtung.

Nach einer gewissen Zeit (etwa drei Minuten) wechselt ein anderer Teilnehmer mit der Person in der Mitte.

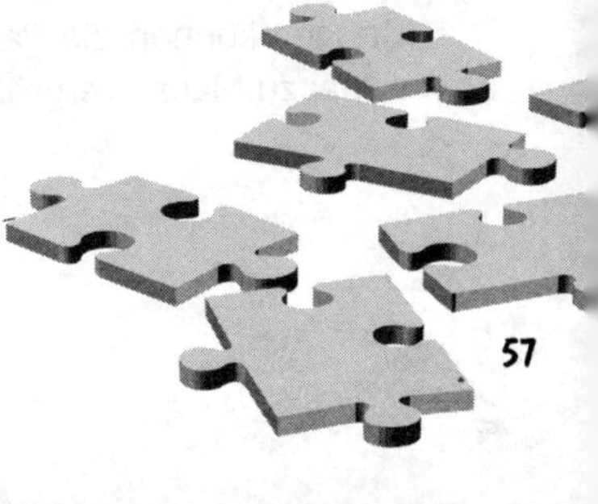

ZURÜCKLAUFEN

Vertrauen

Gruppenstärke	2–beliebig
Spielort	im Haus oder im Freien
Material	keines

Die Gruppe teilt sich auf in Paare, die sich einander gegenüber aufstellen. Die Arme sind angewinkelt, Handflächen und Fußspitzen berühren sich.

Beide beginnen jetzt langsam rückwärts zu gehen, ohne dass sich die Hände voneinander lösen. Sie halten sich dabei gegenseitig im Gleichgewicht.

Nachdem der äußerste Punkt nach Einschätzung von beiden erreicht ist, bewegen sie sich wieder aufeinander zu.

Abwandlung:

Beide laufen nur so weit auseinander, dass sie durch kräftiges Abstoßen voneinander wieder in den Stand kommen. Die Füße sollen dabei allerdings nach dem Zurückstoßen nicht mehr bewegt werden.

Danach können die Paare versuchen den Abstand von Mal zu Mal zu vergrößern.

ROLLMOPS

Gruppenstärke ab 10 Personen
Spielort im Haus oder im Freien
Material keines

Vertrauen

Die gesamte Gruppe fasst sich an den Händen und bildet eine Kette. Der Spieler am Ende der Kette bleibt stehen.

Die anderen „Kettenglieder“ gehen in einer Richtung um den stehenden Spieler herum. Die Kette rollt sich also ein. Wenn die Kette schön eng eingerollt ist, setzen sich alle Spielerinnen hin.

Jeder Teilnehmer sollte die Möglichkeit haben eingerollt zu werden.

GESICHTER RATEN

Gruppenstärke beliebig
Spielort im Haus oder im Freien
Material Augenbinden

Vertrauen

Durch Abtasten des Gesichtes soll ein „Blinder“ erraten, wer sein Partner ist.

RISIKO EINGEHEN

Vertrauen

Gruppenstärke	beliebig
Spielort	im Haus oder im Freien
Material	keines

Mit diesem Experiment wird die Risikobereitschaft und das vorhandene Vertrauen untereinander erprobt.

Der Gruppe wird folgende Spielanleitung gegeben:

„Ich möchte ein kurzes Experiment vor der Gruppe durchführen und benötige dazu fünf Freiwillige. Wer möchte sich zur Verfügung stellen?"

Der Spielleiter wartet, bis sich fünf Freiwillige gemeldet haben. Er gibt keine weiteren Erklärungen. Haben sich 5 gemeldet, ist das Experiment beendet.

In Kleingruppen werden zur Auswertung des Experiments folgende Fragen besprochen:

1. Welche Gefühle hattest du bei der Aufforderung dich zu melden?
2. Was spricht dafür, dich als Freiwilliger zu melden, was dagegen?
3. In der Klasse/Schule seid ihr ständig aufgefordert mitzureden und mitzumachen. Wie geht es da? Seid ihr zufrieden, wie es in eurer Klasse läuft? Was sollte anders sein?

Anschließend werden die Ergebnisse diskutiert.

VERTRAUENSKREIS

Gruppenstärke	2–beliebig
Spielort	im Haus oder im Freien
Material	keines

Vertrauen

Die Spielerinnen bilden zwei kleine Kreise. Jeweils ein Spieler steht in der Mitte des Kreises und lässt sich einfach fallen, wobei er von den anderen aufgefangen wird.

Die erlebten Gefühle werden im Plenum aufgearbeitet. Dabei geht es vor allem um die Frage, ob sich die Teilnehmerinnen in dieser Klassen- oder Spielgemeinschaft fallen lassen können.

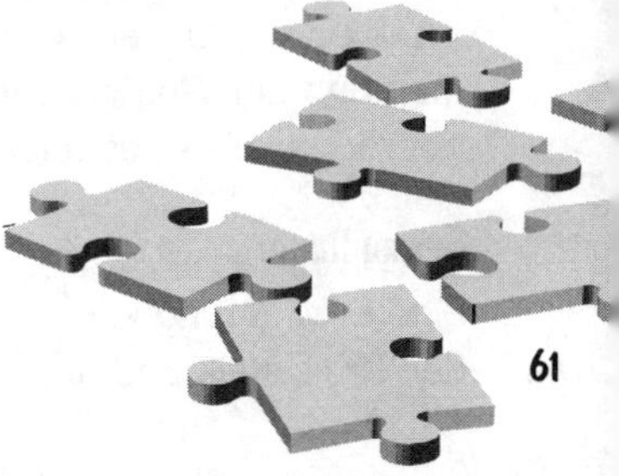

Vertrauen

LOTSEN

Gruppenstärke	2–beliebig
Spielort	im Haus oder im Freien
Material	Augenbinden

Die Gruppenmitglieder stellen sich im Kreis auf. Einem Freiwilligen werden die Augen verbunden. Eine andere Person geht nun im Kreis einen (nicht zu komplizierten) Weg vor, mit Kurven ...

Die andere Person soll nun diesen Weg mit verbundenen Augen nachgehen. Sie erhält Hilfe aus der Gruppe, indem ihr die Teilnehmer durch Laute (summen, schnalzen, pfeifen) den Weg anzeigen. D. h. in die Richtung, in die der „Blinde" gehen soll, wird er von einem Gruppenmitglied gelockt. Das erfordert Konzentration der Geführten und der Gruppe sowie Zusammenarbeit.

Die Gruppenmitglieder dürfen einander nicht mit Worten verständigen. Derjenige, der an der Reihe ist, die Richtung anzugeben, muss rechtzeitig reagieren.

Danach wird dem Geführten das Tuch abgenommen und der Weg geschildert. Der „Blinde" soll darüber reden, wie er es erlebt hat.

Abwandlung:

Eine Erweiterung kann sein, dass man Hindernisse in den Kreis stellt und um diese herumführen muss.

FALLEN LASSEN

Gruppenstärke	beliebig (durch 2 teilbar)
Spielort	im Haus oder im Freien
Material	keines

Vertrauen

Jeder sucht sich einen Partner, der ungefähr gleich groß und stark ist.

Die beiden stellen sich hintereinander auf, mit Blick in die gleiche Richtung. Die vorne Stehende schließt die Augen und lässt sich nun mit ausgebreiteten Armen steif nach hinten fallen. Der hinten Stehende fängt sie auf.

Wichtig ist, dass der hinten Stehende seinen Abstand nicht zu groß wählt. Nach und nach kann dieser Abstand jedoch vergrößert werden.

Danach werden die Rollen getauscht.

BLIND FÜHREN

Vertrauen

Gruppenstärke	beliebig (durch 2 teilbar)
Spielort	im Haus oder im Freien
Material	Augenbinden

Die Schülerinnen bilden Paare. Einer der beiden Spieler schließt die Augen und lässt sich von seiner Partnerin ca. 5 Minuten im Haus bzw. im Freien herumführen. Dann werden die Rollen gewechselt.

Aufgabe des Führenden ist es, der „blinden" Partnerin eine breite Skala von Erfahrungen des Berührens, des Riechens, Hörens ... zu vermitteln. Der Führende muss darüber hinaus den „Blinden" an allen Hindernissen vorbeiführen und ihn schützen vor allem, was gefährlich, erschreckend oder unangenehm sein kann. Dabei darf keiner sprechen.

Auswertung:

- Wie habe ich mich bei diesem Experiment gefühlt?
- Fühlte ich mich als Führender oder als Geführter wohler?
- Wie vertrauenswürdig war die Partnerin für mich?

Hinweis:

Dieses Spiel sollte nur dann angewendet werden, wenn es nicht erzwungen werden muss und nicht die Gefahr des „Auflaufenlassens" besteht.

„BUMM" STATT DREI

Gruppenstärke beliebig
Spielort im Haus
Material keines

Unterhaltung

Bei diesem Spiel ist die „Drei“ verboten. Im Kreis wird rundherum gezählt. Wenn eine „Drei“ vorkommt (3, 13, 23 ...) muss derjenige, der an der Reihe ist, statt dessen „Bumm“ sagen.

Hinweis:

Noch schwieriger wird's, wenn alle Zahlen einbezogen werden, die durch drei teilbar sind (6, 9, 12 ...).

MONTAGSMALER

Gruppenstärke beliebig
Spielort im Haus
Material Tapetenrolle/Filzstifte

Unterhaltung

Die Spielleiterin flüstert einem Mitspieler einen Begriff zu, der von ihm zeichnerisch dargestellt werden soll. Die übrigen Spielerinnen sollen möglichst schnell den Begriff erraten.

RÜCKENMALEN

Unterhaltung

Gruppenstärke	5–10 Personen
Spielort	im Haus oder im Freien
Material	Papier/Stift

Die Spieler stehen hintereinander. Der letzte malt mit dem Finger dem vor ihm stehenden Partner ein Symbol, Gegenstand oder Wort auf den Rücken. Die Zeichnung wird von Spielerin zu Spielerin weitergegeben. Wenn die „Zeichnung“ beim letzten Teilnehmer angekommen ist, malt dieser die angekommene Zeichnung auf ein Blatt Papier.

WORTKETTE

Unterhaltung

Gruppenstärke	beliebig
Spielort	im Haus
Material	keines

Die Spielerinnen sitzen im Kreis. Eine beginnt und nennt ein zusammengesetztes Hauptwort, z. B. Türschloss. Die nächste Spielerin muss nun mit dem zweiten Wort als Anfang ein neues Wort bilden, z. B. Schlossgeist ... Wer länger als 10 Sekunden für ein Wort braucht, scheidet aus.

MEINE ELLENBOGEN

Gruppenstärke	beliebig
Spielort	Stuhlkreis
Material	keines

Unterhaltung

Die Spieler sitzen im Kreis, nur eine Spielerin steht in der Mitte. Im Kreis ist für sie kein Stuhl frei. Sie geht auf einen der Teilnehmer zu, deutet beispielsweise auf ihre Nase und sagt dazu: „Das ist mein Ellenbogen", und zählt laut bis zehn.

Der Angesprochene muss in umgekehrter Weise antworten, das heißt, er muss auf seinen Ellenbogen deuten und sagen: „Das ist meine Nase", und zwar ehe die Mitspielerin bis zehn gezählt hat. Gelingt ihm das nicht, muss er sich in die Mitte stellen.

Dann geht er auf einen anderen Teilnehmer zu und sagt beispielsweise: „Das ist mein linkes Ohr", indem er auf seinen rechten Fuß deutet und wiederum laut bis zehn zählt.

In dieser Weise geht das Spiel fort.

LUFT, WASSER, ERDE

Unterhaltung

Gruppenstärke	beliebig
Spielort	Stuhlkreis
Material	kleiner Ball oder Ähnliches

Die Spielerinnen sitzen oder stehen im Kreis. Der Spielleiter wirft einem Teilnehmer einen Gegenstand zu und sagt gleichzeitig entweder

- Luft oder
- Wasser oder
- Erde

Wenn zum Beispiel „Luft“ gerufen wurde, muss der „Fänger“ innerhalb von 2 Sekunden ein Tier nennen, das in der Luft lebt.

Dann wirft der „Fänger“ den Gegenstand weiter und nennt wieder einen der oben genannten Begriffe. Bereits genannte Tiere dürfen nicht wiederholt werden.

MÖRDER

Gruppenstärke beliebig

Spielort Sitzkreis

Material Teelichter/Streichhölzer

Unterhaltung

Aufgepasst, der Mörder geht um!

Also, Vorsicht! Bevor ihr aber ermordet werdet, noch schnell die Spielanleitung:

Ihr setzt euch im Kreis hin, so dass jeder jeden sieht. Dann verteilt ihr Kerzen. Jede Spielerin erhält eine, stellt sie vor sich auf und entzündet ihr Lebenslicht. Dann wird der „Mörder" ermittelt.

Hierzu brennt ihr eines der Streichhölzer ab. Verdeckt werden dann so viele Streichhölzer wie Spieler vorhanden sind (das abgebrannte ist freilich dabei) herumgegeben. Jeder Spieler erhält eins, derjenige, der das abgebrannte gezogen hat, ist der „Mörder". Er bringt nun seine Mitspieler durch Anblinzeln um.

Ist eine Mitspielerin angeblinzelt worden, so löscht sie ihr Lebenslicht und scheidet aus. Alle lebenden Spieler dürfen einen Verdacht äußern, wer der „Mörder" ist. Ist der „Mörder" überführt, ist das Spiel zu Ende oder ihr geht mit einem neuen „Mörder" in die nächste Runde.

SIRENE

Unterhaltung

Gruppenstärke	2–beliebig
Spielort	im Haus
Material	Gegenstand zum Verstecken

Eine Spielerin wird hinausgeschickt. Im Raum wird ein bestimmter Gegenstand versteckt. Klatschend, summend, auf den Tisch trommelnd, mit den Füßen stampfend ... wird der Suchende durch Variationen der Lautstärke gelenkt. Je nachdem, ob er dem Versteck nahe ist oder weiter entfernt ist, hört er den „Sirenenton" lauter oder leiser.

Hinweis:

Es können auch mehrere Spielerinnen gleichzeitig hinausgeschickt werden, die dann gemeinsam suchen müssen.

Wer die „Sirene" gefunden hat, setzt sich zu den anderen Spielern, ohne das Versteck zu verraten.

FUNKER

Gruppenstärke	beliebig
Spielort	Stuhlkreis
Material	keines

Unterhaltung

Die Spieler sitzen im Kreis und zählen durch. Jeder muss sich seine Nummer merken. Die Spielleiterin beginnt: Sie erhebt beide Hände und „funkt“ mit ihren Fingern. Zugleich machen die beiden Nachbarn auch mit. Der linke Nachbar (nur) mit der rechten Hand und der rechte Nachbar mit der linken Hand; also jeweils mit der der Spielleiterin zugewandten Hand.

Die Spielleiterin sagt: „Ich bin der Hauptfunker Nummer eins und funke zu Hauptfunker Nummer (z. B.) sieben.“ Sofort bekommt der Spieler mit der Nummer sieben Funkkontakt, er hebt die Hände und seine beiden Nachbarn müssen natürlich auch wieder mitmachen.

Dann macht die Nummer sieben weiter: „Ich bin der Hauptfunker Nummer sieben und funke zu ...“

Wer das Funken oder das Mitfunken vergisst oder versehentlich funkt, ohne an der Reihe zu sein, muss aufstehen und scheidet aus.

MEIN HUT, DER HAT DREI ECKEN

Unterhaltung

Gruppenstärke	beliebig
Spielort	im Haus oder im Freien
Material	keines

Dieses bekannte Lied wird zuerst zweimal durchgesungen. Beim nächsten Mal fällt das Wort „Hut“ weg und wird durch eine Handbewegung an den Kopf ersetzt.

Die folgende Wiederholung geht ohne das Wort „Ecken“ vor sich. Statt dessen greifen die Spielerinnen mit der linken Hand an das rechte Ellbogengelenk.

Schließlich wird „mein“ noch dadurch ersetzt, dass man sich an die Brust tippt.

„Drei“ lässt sich durch drei ausgestreckte Finger ersetzen und „nicht“ wird durch Kopfschütteln ausgedrückt.

Zum Schluss besteht das Lied fast nur noch aus Bewegungen.

MEIN SCHUH

Gruppenstärke	beliebig
Spielort	im Haus
Material	Schuhe

Klassengemeinschaft

Dieses Spiel setzt großes Vertrauen innerhalb der Gruppe voraus. Die Beziehungen zueinander können geklärt werden.

Ein Spieler legt seinen Schuh in die Mitte des Raumes und fordert die anderen Mitspielerinnen auf, ihre Schuhe symbolisch so zu seinem Schuh zu stellen, wie sie glauben, dass die Beziehung zueinander ist.

Möglichkeiten:

weit weg stellen = große Distanz
Spitze an Spitze = Konfrontation
Nebeneinander = Nähe

Nachdem die Schuhe platziert sind, werden sie nacheinander wieder weggenommen. Dabei wird erklärt, warum der Schuh an diese Stelle platziert wurde.

TYPISCH FRAU

Gruppenstärke	beliebig (Jungs + Mädchen)
Spielort	im Haus
Material	Zettel/Stifte

Klassengemeinschaft

Die Gesamtgruppe wird aufgeteilt in zwei oder mehr Gruppen, die nur aus Mädchen/Frauen und Jungen/Männern besteht. In der Gruppe werden Zettel ausgeteilt. Jeder Junge schreibt einen Satz auf, in dem Typisches von Mädchen beschrieben wird, jedes Mädchen einen Satz, in dem Typisches von Jungen beschrieben wird (zum Beispiel „Jungen raufen gern.“).

Die Zettel werden dann an die gegengeschlechtliche Gruppe weitergegeben. Anschließend hat jede Gruppe Zeit, das andere Geschlecht davon zu überzeugen, dass es sich bei den typischen Eigenschaften um Vorurteile handelt.

Hinweis:

Überzeugt werden kann durch:

- Rollenspiel
- Stegreifreferat
- Cartoon
- Plädoyer

PLUS/MINUS

Gruppenstärke beliebig

Spielort im Haus

Material farbiges Papier/Stift

Klassengemeinschaft

Jede Schülerin bekommt einen farbigen und einen grauen Zettel.

Aufgabe:

„Schreibe auf den farbigen Zettel, was du an deiner Klasse/Gruppe gut findest, was euch zu einer guten Gemeinschaft macht. Auf den grauen Zettel schreibe, was dir an deiner Gruppe nicht gefällt, was dich ärgert und nervt." Die Zettel werden anonym geschrieben und in die Mitte gelegt.

Jeder nimmt sich zwei heraus (nicht die eigenen). Die Zettel werden dann der Reihe nach vorgelesen – (zuerst die positiven) und auf alte Tapete geklebt. Bei der Auswertung ist es nötig, dass viel Zeit für dringende Fragen gelassen wird.

Haben mehrere Spieler das gleiche Problem, soll gemeinsam ein Gespräch oder zum Beispiel mit Rollenspielen eine Lösung gesucht werden.

VERTAUSCHTE ROLLEN

Klassengemeinschaft

Gruppenstärke	beliebig
Spielort	im Haus oder im Freien
Material	Zettel/Stifte

In einer Gruppe, die sich schon einigermaßen kennt, schreibt jeder seinen Namen auf einen Zettel. Die Zettel werden eingesammelt, gemischt und jedes Gruppenmitglied zieht einen Zettel mit dem Namen einer Mitspielerin.

Nun sagt jeder etwas über seinen Partner, wobei bestimmte Aussagekriterien gegeben werden können (z. B. • *Ich bin meistens gut/schlecht gelaunt.* • *Ich sage oft die (Un-)Wahrheit/mache gerne Blödsinn.* • *Ich möchte immer etwas Besonderes sein.* • ...).

Diese Aussagen müssen jedoch in folgender Form gemacht werden:

- „Ich bin ..."
- „Ich sage oft ..."
- „Ich möchte immer ..."

Der Vorstellende muss also, obwohl er Aussagen über einen anderen macht, stets in der Ichform reden. Anschließend muss die Gruppe erraten, wer hier vorgestellt wurde.

MEINE KLASSE

Gruppenstärke	**beliebig**
Spielort	**im Haus**
Material	**Fragekarten/Stifte**

Unterhaltung

Die Spielerinnen sitzen im Stuhlkreis. In der Mitte des Kreises liegen vorbereitete Fragekarten.

Ein Spieler darf nun eine Frage ziehen, liest sie laut vor und stellt sie an eine Mitspielerin. Nachdem diese versucht hat sie zu beantworten, wird sie allgemein in der Klasse/Gruppe diskutiert. Die Spielerin, die gefragt wurde, darf die nächste Frage ziehen.

Fragen zur Klassen-/Gruppengemeinschaft:

- Fühlst du dich manchmal unterlegen? Wem und warum?
- Wie fühlst du dich in der Klasse/Gruppe?
- Traust du dich, offen in der Klasse zu sprechen?
- Was magst du bei deinen Klassenkameraden gar nicht leiden?
- Glaubst du, dass sich alle in der Gruppe wohlfühlen?
- Glaubst du, dass sich die Schulgemeinschaftstage gut auf die Klasse auswirken? Warum?
- Was kann jeder von uns tun, damit solche, die sich etwas ausgeschlossen fühlen, besser zur Gemeinschaft gehören? Was können diese selber tun?
- Hattest du schöne Erfahrungen mit der Klasse?

KLASSENGEMEINSCHAFT

Gruppenstärke beliebig

Spielort im Haus

Material Fragebogen/Stifte

Folgender Fragebogen wird zuerst von jedem Schüler beantwortet. Im anschließenden Plenum werden die Antworten ausgewertet. Es folgt eine Diskussion.

Glaubst du, dass es in unserer Klasse Außenseiter gibt?

- Ja ☐ ________________________
- Nein ☐ ________________________

Woran, glaubst du, liegt das?

Glaubst du, dass es in unserer Klasse Cliquenbildung gibt?

- Ja ☐ ________________________
- Nein ☐ ________________________

Wenn ja, die Cliquen sind meiner Meinung nach

- voneinander abgekapselt ______________ ☐
- miteinander verfeindet ________________ ☐
- halten zusammen____________________ ☐

Ist für dich Klassengemeinschaft wichtig?

- Ja ☐
- Nein ☐

Wenn ja, warum? Wenn nein, warum nicht?

____

____

____

Was würdest du für unsere Klassengemeinschaft wünschen?

☐ Wir gestalten gemeinsam das Klassenzimmer

☐ Wir machen öfter gemeinsam Hausaufgaben

☐ Wir reden über unsere gemeinsamen Probleme

☐ Wir ändern oft die Sitzordnung

☐ Wir vertreten gemeinsam unsere Interessen gegenüber den Lehrern/Lehrerinnen

☐ Wir versuchen Außenseiter miteinzubeziehen

Was können wir zur Klassengemeinschaft beitragen?

____

____

____

DAS MINUTENSPIEL

Stegreifspiel

Gruppenstärke	Kleingruppen mit 4
Spielort	beliebig
Material	Uhr mit Sekundenzeiger

Vier Spieler geben ihre Uhren ab und sollen sie nach genau 2 Minuten wieder abholen.

Wer kommt dieser Zeit am nächsten?

ICH HEISSE, WOHNE, ESSE GERN

Stegreifspiel

Gruppenstärke	beliebig
Spielort	im Haus oder im Freien
Material	ein geknotetes Tuch

Die Spielerinnen sitzen im Kreis. Ein Spieler ruft einen Buchstaben (z. B. „E“) und wirft dabei einer Mitspielerin ein geknotetes Handtuch zu.

Diese antwortet:
„Ich heiße **E**rika,
wohne in **E**ssen und
esse gerne **E**rbsen“.

Dann nennt sie den nächsten Buchstaben und wirft das Tuch weiter.

WATTEPUSTEN

Gruppenstärke	beliebig (durch 2 teilbar)
Spielort	im Haus
Material	Watte- oder Papierkugel

Stegreifspiel

Die Gesamtgruppe wird in zwei Mannschaften geteilt, die sich gegenüber sitzen (30–50 cm Abstand). In der Mitte liegt eine Watte- oder Papierkugel. Auf ein Startzeichen der Spielleiterin findet ein Wettpusten statt.

Aufgabe ist, die Watte möglichst weit in das gegnerische Spielfeld zu pusten.

Hinweis:

Für das Pusten können auch Strohhalme benutzt werden.

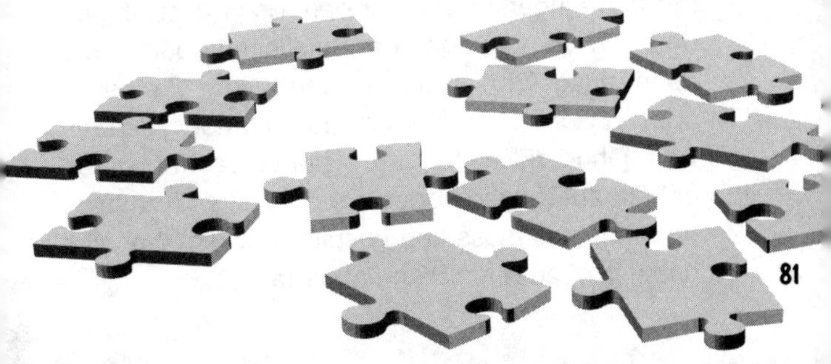

KOMMANDO PIMPERLE

Stegreifspiel

Gruppenstärke	2–beliebig
Spielort	am Tisch
Material	keines

Die Mitspieler sitzen um einen großen Tisch und bemühen sich die Kommandos der Spielleiterin genau zu befolgen:

1. Kommando Pimperle: Alle Spieler trommeln mit vorgestrecktem Zeigefingern auf die Tischkante.
2. Kommando Hoch: Die flach ausgestreckten Hände werden hochkant, kleine Finger nach unten, auf den Tisch gesetzt.
3. Kommando Flach: Die ausgestreckten Hände werden flach, Handfläche nach unten, auf den Tisch gelegt.
4. Kommando Faust: Beide Fäuste werden, die kleinen Finger nach unten, auf den Tisch gesetzt.
5. Kommando Turm: Beide Hände bilden Krallen, die mit den Fingerkuppen auf den Tisch gestellt werden. Die Anordnungen der Spielleiterin dürfen nur dann ausgeführt werden, wenn vor „Pimperle" oder „Flach" ... das Wort „Kommando" gerufen wird. Ohne diesen Vorsatz bleibt es bei der vorhergehenden Tätigkeit oder Handhaltung. „Kommando Pimperle" muss flott gespielt werden. Wer sich dabei irrt, muss ein Pfand abgeben.

TELEGRAMM MIT „K"

Denksport

Gruppenstärke beliebig
Spielort im Haus
Material Papier und Stifte

Es soll ein Satz gebildet werden, bei dem alle Worte zum Beispiel mit „K“ beginnen.

Wer in zwei Minuten den längsten Satz gebildet hat, hat gewonnen.

Beispiel:

Kann **K**arin **K**raus **k**einen **k**ugelrunden **K**uchen **k**aufen?

PROMINENTEN-ABC

Denksport

Gruppenstärke beliebig
Spielort im Haus
Material (Papier und Stift)

Zu jedem Buchstaben des Alphabets müssen die Spielerinnen entweder einen Sänger, eine Sportlerin oder Künstler nennen oder notieren, dessen Name mit dem jeweils geforderten Buchstabe beginnt.

FLOTTE LOTTE

Denksport

Gruppenstärke	beliebig
Spielort	beliebig
Material	keines

Einer beginnt zu erzählen: „Also, Lotte mag keine Mäuse, aber Ratten liebt sie. Lotte mag jedes Wetter, aber weder Regen noch Nebel. Sie liebt die Sonne, aber nicht den Mond."

Was mag Lotte noch? Wer kommt dahinter?

Lösung:

Lotte mag, was Doppelbuchstaben besitzt.

Varianten:

- Lotte mag alles, was grün, rot, gelb ...,ist.
- Lotte mag alles, was mit einem bestimmten Buchstaben beginnt.

WEN LIEBST DU?

Gruppenstärke beliebig
Spielort beliebig
Material keines

Denksport

Einige Personen werden nach draußen gebeten. Die erste kommt herein und muss sich vor einen „Magier" knien, der hoheitsvoll in einem Sessel thront.

Der Magier spricht nun immer wieder den einen Satz: „Sag', wen liebst du?"

Es nutzt nichts, wenn nun die Antwort „Kerstin" oder „Dich nicht" ... kommt.

Lösung:

Die richtige Antwort lautet: „Wen liebst du?"
Der Magier fordert ja nur zum Nachsprechen auf.

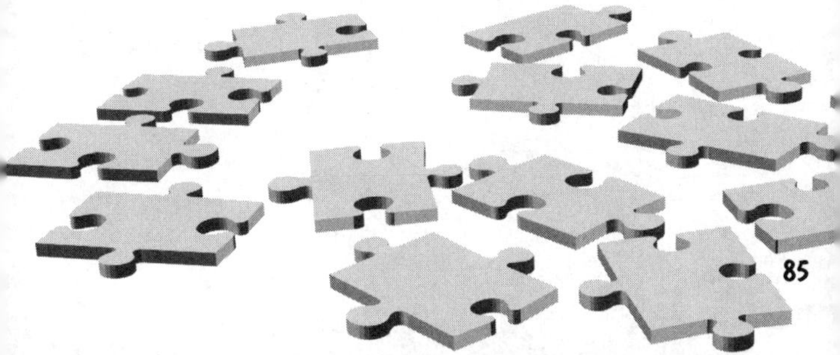

RAHMENPROGRAMM

Spiele sind nur eine Möglichkeit um eine Gruppenfahrt aufzulockern. Nachfolgend sind einige Aktivitäten dargestellt, die jede Gruppenfahrt bereichern:

- Gipsmasken
  (Gesichtsabdrücke anfertigen und bemalen)
- Orientierungslauf
- Stadtrallye
- Nachtwanderung
- Grillfest
- Filmabend
- Lagerfeuer
- Gesichter schminken
- Basteln mit Silberdraht
- Seidentücher bemalen
- Videofilm drehen
  (evtl. Dokumentation der Klassenfahrt)
- Kerzen basteln
- Gemeinsam kochen
- „Let's mix"
  (Alkoholfreie Mixgetränke erfinden)
- Drachenbau, Drachen steigen lassen
- Sketche einüben
- Theaterstück aufführen

Weitere Ideen:

•
•
•
•
•
•
•

Die Abschlussfete

Zu jeder Klassenfahrt gehört eine zünftige Party. Folgende Aktionen können in das Abschlussfest integriert werden:

- Gipsmasken
  (Gesichtsabdrücke anfertigen und bemalen)
- Gesichter schminken
- „Let's mix"
- Lagerfeuer
- Sketch vorführen
- Mega-Spiele
  (die beliebtesten Spiele werden gespielt)
- „Activing"
  (allein, zu zweit oder in der Gruppe wird etwas zur Unterhaltung vorgeführt)
- Tanzspiele
- Quiz
- Verlosung/Versteigerung
- Motto-Abend
  (z. B. ein ökologischer Abend mit vegetarischer Küche und einer Ausstellung oder ein orientalischer Abend mit entsprechender Kleidung und Dekoration)
-
-
-

Hinweis:

- Siegfried Heinemann: „66 Spiel- und Klassenfeste", Lichtenau: AOL-Verlag, 6. Aufl., 1997 (A066)
- Siegfried Heinemann: „Alternative Spiel- und Sportfeste, Lichtenau: AOL-Verlag, 5. Aufl., 1997 (A067)

Checkliste für die Vorbereitung von Freizeiten

1. **Veranstaltungsort**
1.1 Landschaft – allgemein –
1.2 Land – Verkehrsanbindung – Klima – Wetter –
1.3 Wald – Berge –
1.4 Wasser – Baden –
1.5 Stadt – Kurbetrieb –
1.6 Menschen – Kontakte –

2. **Unterkunft – Heim – Hotel – Jugendherberge**
2.1 Haus – allgemein –
2.2 Aufenthaltsräume –
2.3 Zimmer – Schlafräume –
2.4 Heimleitung – Hausordnung –
2.5 Verpflegung – Helferplan –
2.6 andere Gruppen

3. **Anreise und Rückfahrt**
3.1 Transportmittel
3.2 Reiseziel
3.3 Personal
3.4 Pausen
3.5 Informationen
3.6 Stimmung
3.7 Verhalten der Gruppe
3.8 Verhalten der Leitung

4. **Teilnehmer**
4.1 Zusammensetzung der Gesamtgruppe
4.2 Zusammensetzung der Einzelgruppen
4.3 Sonderpersonen
4.4 Verhalten der Teilnehmer untereinander
4.5 Verhalten der Teilnehmer zur Leitung – allgemein – Gruppenleiter
4.6 Verhalten der Teilnehmer zum Programm
4.7 Reaktionen und Kommentare der Teilnehmer

5. **Material**
5.1 Spiel- und Sportgeräte
5.2 Lieder und Musik
5.3 Informationsmaterial – Bücher
5.4 Medien – Filme
5.5 Apotheke – Erste Hilfe

6. **Organisation und Technik**
6.1 Kalkulation
6.2 Zuschüsse
6.3 Teilnehmerbeiträge
6.4 Reisekasse – Taschengeld

7. **Leitung**
7.1 Zusammensetzung – allgemein
7.2 Aufteilung der Mitarbeiterinnen (Leistungsfähigkeit des Teams)
7.3 Gruppenleiter/in
7.4 Team

8. **Erwartungen**
8.1 Teilnehmer – Jugend –
8.2 Eltern (Elternbeirat)
8.3 Institution – Veranstalter –
8.4 Leitung – Mitarbeiter –
8.5 Gesellschaft

9. **Programm**
9.1 allgemeiner Tagesablauf
9.2 Programmeinheiten
9.3 Kursprogramm
9.4 Sonderveranstaltungen
9.5 Höhepunkte
9.6 Pannen
9.7 Dokumentation

10. **Besondere Ereignisse**
10.1 Unfälle
10.2 Konflikte – intern
10.3 Konflikte – extern
10.4 Delikte

11. **Danach**
11.1 Gruppenfest
11.1 Dia-Abend
11.1 Tagebücher

MUSTER EINES ANMELDEFORMULARS

ANMELDUNG

1. Ich melde mich zur Teilnahme an der Freizeit

des/der		
von	bis	in

verbindlich an:

Personalien

Name/Vorname	Geburtstag	Telefon
Beruf	Krankenkasse	
Straße	PLZ, Wohnort	
Ort, Datum	Unterschrift	

(nicht zutreffendes bitte streichen)

2. Einwilligungserklärung

Ich erkläre mich damit einverstanden, dass mein Sohn/meine Tochter an der o.g. Freizeit teilnimmt.

Gleichzeitig nehme ich zur Kenntnis, dass ich für Schäden, die durch Verstöße gegen die Anordnungen der Aufsichtspersonen oder der Lagerordnung auftreten, selbst aufkommen muss.

Ich bin damit einverstanden, dass mein Sohn/ meine Tochter an den dafür vorgesehenen Stellen unter Aufsicht schwimmen/nicht schwimmen und an den von der Lagerleitung vorgesehenen Ausflügen teilnehmen darf.

Außerdem erkläre ich mein Einverständnis für den Fall, dass mein Sohn/meine Tochter bei einer Erkrankung auf ärztliche Anordnung in ein Krankenhaus eingeliefert werden muss. Ich bitte in diesem Falle um umgehende Benachrichtigung. Sofern sich mein Kind in ärztliche Behandlung begeben muss, verpflichte ich mich, auf Anforderung sofort einen Krankenschein zu übersenden, sofern ich meinem Kind keinen Krankenschein mitgegeben habe. Mein Sohn/meine Tochter leidet nicht an einer ansteckenden oder chronischen Krankheit oder an gesundheitlichen Schäden, die das Baden verbieten. Mein Kind ist:

❐ Schwimmer

❐ Nichtschwimmer

Ort, Datum

Unterschrift des Erziehungsberechtigten

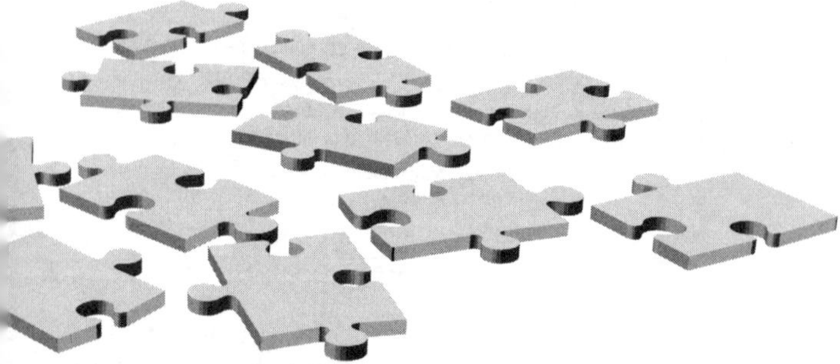

Die wichtigsten Rechts- und Haftungsvorschriften für Gruppenfahrten

1. AUFSICHTSPFLICHT:

Mit ihrer Einwilligung übertragen die Eltern für die Zeit der Ferienfahrt ihre Aufsichtspflicht auf den Veranstalter, der sie durch seinen Betreuer ausführen lässt.

a) Gefahren

Vor Aufenthaltsbeginn sollten die Gefahren im Heim und in der Umgebung festgestellt und Maßnahmen zu ihrer Umgehung geplant werden.

b) Programmpunkte

Bei Wanderungen, Baden, Geländespielen ... muss regelmäßig die Vollzähligkeit überprüft werden. Außerhalb von geschlossenen Ortschaften auf der linken Straßenseite und in Reihe gehen, jeweils ein Betreuer am Anfang und am Ende. Zum Baden ist eine schriftliche Badeerlaubnis erforderlich. Beim Baden in nicht geschlossenen Anstalten muss mindestens bei einem Betreuer der DLRG-Grundschein vorhanden sein. Nicht baden während der Verdauungsperiode (ca. 2 Stunden).

c) Freizeit

Für die programmfreie Zeit gelten folgende Bestimmungen:

- Die Betreuer müssen jederzeit wissen, wo sich die Kinder aufhalten und was sie tun.
- Das Heim darf nicht von dem gesamten Betreuerteam verlassen werden.
- Die Kinder dürfen nur in Gruppen mindestens zu dritt das Gelände verlassen. Ziel und Zeitpunkt der Rückkehr müssen angegeben werden.

2. HAFTUNG:

Team und Betreuer sind verantwortlich gegenüber den Eltern der Kinder und dem Veranstalter. Der Veranstalter haftet grundsätzlich für den Schaden, der dadurch entstanden ist, dass der Betreuer seine Aufsichtspflicht grob fahrlässig oder vorsätzlich verletzt hat.

Vorsatz ist das Wissen und Wollen des rechtswidrigen Erfolges, also die bewusste Vernachlässigung der Aufsichtspflicht, ohne dass ein Schaden unbedingt erwünscht oder beabsichtigt gewesen sein muss, er muss lediglich vorausgesehen worden sein.

Grobe Fahrlässigkeit liegt dann vor, wenn die verkehrserforderliche Sorgfalt in erheblichem Maße verletzt wurde.

Haftung in diesem Zusammenhang bedeutet zivilrechtliche Haftung, d.h., der Schaden, der entweder beim anvertrauten Minderjährigen oder bei einem Dritten durch den Minderjährigen entstanden ist, muss wieder gutgemacht werden. Relativ einfach lässt sich ein Vermögensschaden ersetzen. Bei Körperverletzungen werden Arzt- und Krankenhauskosten erstattet, bei Gesundheitsschädigung oder Tod sind in der Regel Schmerzensgeldzahlungen bzw. eine Rente zu leisten. Der Betreuer unterliegt auch strafrechtlicher Haftung, wenn er seine Fürsorgepflicht gegenüber dem Jugendlichen gröblich verletzt. Es muss aber die Gefahr gravierender Schädigungen bestehen.

3. ORDNUNGSMITTEL:

Die mildeste Form der Lenkung eines Jugendlichen ist die Belehrung und Warnung. Die Jugendlichen sollten dabei auf allgemeine Gefahren hingewiesen werden. Die nächste Form ist die Beaufsichtigung und Überwachung bei besonderen Unternehmungen (Schwimmen, Touren) und zur Überprüfung notwendiger Bestimmungen. Das Maß der erforderlichen Beaufsichtigung ist abhängig von Alter, Größe und Zusammensetzung der jeweiligen Gruppe. Hier muss der Betreuer seine Aufsichtspflicht durchsetzen durch Verwarnung und Strafe. Das Mittel der Strafe sollte er allerdings nur im Notfall anwenden. Ein wirksames Mittel ist der Ausschluss von Veranstaltungen. Allerdings darf der Jugendliche dann nicht ohne Aufsicht sein.

Eine Berechtigung zur körperlichen Züchtigung der dem Betreuer Anvertrauten gibt es in keinem Fall, auch nicht, wenn wohlmeinende Eltern dieses „Recht" übertragen. Züchtigung bedeutet Körperverletzung, d.h., der Betreuer macht sich strafbar. Die letzte Möglichkeit, die eine Betreuerin ergreifen kann, wenn sie sich nicht mehr in der Lage sieht, die Aufsichtspflicht ordnungsgemäß wahrzunehmen, ist, das Kind oder den Jugendlichen nach Hause zu schicken. Dazu ist vorherige Verwarnung, im Fall der endgültigen Entscheidung, Benachrichtigung der Eltern erforderlich. Es empfiehlt sich auch, den Veranstalter zu benachrichtigen. Das Kind muss entweder von den Eltern abgeholt oder von einem Betreuer nach Hause begleitet werden, es sei denn, die Eltern geben eine anderslautende verbindliche Zusage.

4. ABWESENHEIT DES LEITERS:

Die Abwesenheit des Betreuers ist rechtlich nur dann begründet und im Falle eines eingetretenen Schadens nur dann entschuldbar, wenn sie

a) zwingend notwendig war
b) ein geeigneter Vertreter bestellt wurde.

Die Betreuerin muss die gesamte Gruppe ausreichend über die Bestellung des Vertreters, den Grund und die Dauer seiner Abwesenheit unterrichten sowie Verhaltensmaßregeln für die Zeit bis zu seiner Rückkehr geben. Auch kann der Betreuer Jugendliche für bestimmte Aufgaben einteilen. Wenn er Schwierigkeit, Umfang und Bedeutung der Aufgaben sorgfältig abgewogen und dementsprechend verteilt hat, kann ihm keine Verletzung seiner Aufsichtspflicht vorgeworfen werden.

5. SEXUALSTRAFRECHT:

Sexuelle Handlungen sind unter bestimmten Umständen strafbar.

a) Beziehungen zwischen Betreuern und Jugendlichen

Ein Betreuer macht sich strafbar, wenn er

- an einem noch nicht 16 Jahre alten Jugendlichen sexuelle Handlungen vornimmt oder an sich vornehmen lässt;
- sexuelle Handlungen vor dem Jugendlichen vornimmt.

Bei Missbrauch der mit einem Betreuungsverhältnis verbundenen Abhängigkeit erhöht sich das Schutzalter auf 18 Jahre.

b) Beziehungen der Jugendlichen untereinander

Maßgebend ist hier vor allem der Paragraph der „Förderung sexueller Handlungen Minderjähriger". Danach macht sich der Betreuer strafbar, wenn er sexuellen Handlungen einer Person unter 16 Jahren an oder von einem Dritten oder sexuellen Handlungen eines Dritten an einer Person unter 16 Jahren

a) durch seine Vermittlung oder
b) durch Gewähren oder Verschaffen von Gelegenheiten Vorschub leistet.

Es muss sich stets um sexuelles Verhalten zwischen zwei Partnern handeln. Bei Missbrauch der Abhängigkeit erhöht sich das Schutzalter auf 18 Jahre. Die Förderung sexueller Handlungen Minderjähriger ist ein Offizialdelikt, d. h., auch ohne Antrag etwa der Eltem zu verfolgen, wenn es bekannt wird.

Zusammengefasst nach:
„Sport in Rheinhessen", Nr. 14/1990
„Handreichung für Gruppenleiter", hrsg. v. d. Kreisverwaltung Mainz-Bingen

Spielend bis zur Olympiade!

im AOL Verlag

Waldstr. 18 · D-77839 Lichtenau
Fon (07227) 95 88-0 · Fax 95 88 95

A4-Kopiervorlagen mit jeweils 52 S. für 19,90 DM
A522 für draußen & drinnen
A523 vor allem drinnen

Dorothee Borchers, Eckhard Rüger

DIE ZWERGEN-OLYMPIADE 1 und 2

Lustige Spiele mit allen Sinnen, für draußen und drinnen

tolle Spiele für heiße Geburtstage, Feste Kiga und GS zum Sehen, Hören, Fühler Genießen. Mit Laufzetteln, Rallyes, Urku den ... schon für Kindergarten-Zwerge!

Dietmar Kwast, Eckhard Rüger

DIE NONSENS-OLYMPIADEN

A4-Kopiervorlagen mit jeweils 70 S. für 44,00 DM
A056 Nonsens-Disziplinen für drauß
A059 Nonsens-Disziplinen für drinne

für die etwas anderen Bundesjugendspiele, Schulfeste, V einsfeste, Sportfeste ... für draußen und drinnen, Schnippels ten, Laufzettel. Lustige Bilder und aussagekräftige Übungsa weisungen verdeutlichen schnell den Spielgedanken und an mieren zum Spielen. Für Klasse 4 bis 13.

Klaus Hoyer

DER PARTNER-SPASS-PARCOURS

A4-Kopiervorlagen mit 64 S.
Best.-Nr. A109, 24,90 DM

44 Spielstationen mit Witz für Kids, Grufties & Originale – immer zu zweit! Zu jeder Spielstation gibt es ein Aktionsfoto, Bewertungsvorschläge und Variationen.